木城えほ
ノルウェー
デンマーク
スウェーデン
すみながし
ミカドアゲハ
森のステージ
イイギリ
森のえほん館
みやまからすあげは
イヌサンショウ
タチツボスミレ
日付変更線
ケマルバスミレ
オオヤマレンゲ
キクイモ
ミツバツチグリ
ウバユリ
森のコテージ
タヌキマメ
ナダカの学校のお米づくり
くろあしおおじょうかい
リトアニア
オキナグサ
ナンジャモンジャゴケ
エストニア
ガボン

松岡享子　ロングインタヴュー

子どもたちの心に届ける
自然・ことば・遊び

木城えほんの郷 20周年記念講演録

目次

中川　今日は、松岡さんを木城えほんの郷にお迎えすることができ、とてもうれしく思います。

「木城えほんの郷・20周年記念」ということですので、えほんの郷の特徴的な活動に触れながら、また、「子ども・本（文学）・ことば」についてお聞きしていきます。

この『子どもと本』（松岡享子著 岩波新書 2015）の中にも書かれておられますが、それを生で語っていただくという、これもぜいたくなことですね。

まず、松岡さんはえほんの郷には何度か来られていらっしゃいますが、えほんの郷とのご縁はどういったものですか。

松岡　私は、いつ来たとかは覚えていないたちですが、4回くらい来ているのかな。この前来たのは、シビル・ウエッタシンハさんの幼い日の記録『わたしのなかの子ども』（福音館書店 2011）の出版を記念した展覧会があった時、ウエッタシンハさんのことをお話するというので参りました。それが一番新しいのかしら…。2年か3年前かしら。ここのお部屋でお話をしたので…。

その前にも来ているけど、それがいつだったかはちょっと覚えていません。

中川　えほんの郷について、どのような印象を持っていらっしゃいますか。

松岡　ちょっと窓の外を見てもすぐ分かりますが、えほんの郷は、本当に山に囲まれた静かな場所ですばらしいところだと思います。そして、池だとか野外ステージだとかいろんな設備がとてもユニークで、また、ここでしていらっしゃることがとてもユニークですね。わたくしどもの東京子ども図書館も私立の図書館ですから、えほんの郷とは兄弟姉妹関係にあるといっていいと思いますけれど、ここは図書館だけではなくて、それ以外のいろいろな活動をしていらっしゃるし、そういうことができるためのいろいろな設備が整っているので、とてもすばらしいところだと思います。

ほんとうにユニークな仕事をしていらして、いつも興味を持って拝見しています。

中川　私は昨年、「みどりのゆりかご 木城えほんの郷20年」の連載のために、東京子ども図書館の松岡さんのもとに取材に伺いました。その時、松岡さんは木城えほんの郷の活動のことをよくご存じで、とてもびっくりしました。特に、「お米作り」のことについてとても興味を持っておられました。今日は、その話から始めたいと思います。

えほんの郷はこの20年間、本当に幅広い取り組みを地道に続けていて、そのひとつが

「お米作り」です。でも、「お米作り」から入ったのではなく、まず、メダカが棲むほどきれいな水が必要だということで、「それじゃあ、その水をもたらす里山づくりから始めよう」と…。その里山づくりを丹念に続けて、えほんの郷の取り組みが始まって16年を経たころ、「お米作り」が始まったと聞いています。なにごとも、実に長いスパンで準備されていることが、えほんの郷の特徴だといえます。

思想・考えだけにはとどまらず、自然と共生しながら常に実践して、さまざまな体験の場を創っています。

このようなえほんの郷の取り組みについて、松岡さんはどのように感じておられますか。

子どもに残してやりたい体験ー「お米作り」

松岡　とってもすばらしい。

この『子どもと本』の中にも書きましたが、私は戦争中、小学校3年から5年生まで田舎に疎開をしました。うちは農家ではないのですが、その疎開先で、農繁期はみんな農家に手伝いにやらされて、1年間、お米作りのプロセスを全部経験しました。田植えから、夏の草取りから、稲刈りから、終わった後の株起こしまで…。株起こしって、特別な鍬で株をひとつずつポコン、ポコンとひっくり返していくんですね、すると株が腐って肥料になる。そういうことを1年間、全部体験したんです。

もしも、戦争がなくて、疎開ということがなくて、生まれた神戸でずっと大きくなっていたら、お米がどうやって育って、どうやって収穫されて、自分のご飯になって食卓に来たかということは、全然知らずに大きくなったと思うんです。

私は田舎の子ではないから、同じように作業していても、やっぱり田舎で育った子とは比べものにならないほどいろいろなことができないのですが、それでも、不器用は不器用なりに「田植え」もしました。そういうことが大事だと思うんです。

裸足で田んぼの中にはいると、足の指の間から泥がにゅるにゅるにゅると出てきますよね。ああいう感覚とか…。もちろん気がついたらヒルなんかが足にくっついていて怖くて気持ちが悪いとか…。そういう体験をしたってことがものすごくありがたかったと、今になって思うんですね。

今、都会で育っている子どもを1年間田舎にやってお米作りを体験させるということは、とてもできないですね。今の生活は、万事商業的ですから、都会で消費生活を送っている子どもたちは、おそらく自分たちの食べている物がどうやってできるかということすら知らないことが多い。ミルクが牛のお乳だということも知らないで、スーパーでパックに入って売られているところからしか、ミルクというものを認識していない。それから、パンだって。午前中のおはなし会で、たまたま「ムギのはなし」と「イネのはなし」をしましたが、ムギやイネやトウモロコシなど人間が主食にしているような穀物については、どこの国の文化にもとても興味深い物語があって、その物語を知っていてお米を食べたり、パンを食べたりするのと、パッケージになった物しか知らないというのとでは、やっぱり子どもにとっては違うと思うのです。

東ヨーロッパのどこかの国のお話の中に、おじいさんが子どもにこんなことをいうところがあります。

「あなたたちはパンを食べる時に、ムギが育ったときのお日様の光、そこに注いだ雨、それから土の中の栄養分、そういうものを食べているんだよ」と。

パンを食べるということは、自然の与えてくれた恵みを頂いているのだというのです。そういう感覚が今の子どもにはほとんどないと思います。つまり、食べるものに対する感謝の念もないし、それを作ってくれているお百姓さんや漁師さんや酪農家の皆さんに対する感謝もない。お店で売られているところからしか、食べ物との関係がないということです。それは、子どもの精神生活というものを薄っぺらな貧しいものにしていると思うのです。

ですから、ここで1年間お米作りを経験するということは、子どもにとってはものすごく大きなことだと思うし、そういうプロセスを知っていると、お米だけではなくて、他の物もどうやって自分のところにきたかということに想いを致す。想いを届けることができるようになる。そういう精神構造というか、考えの道筋みたいなものが子どもの中に育つはずです。ですから、こういうことはものすごく大切なことだと思うのです。

また、えほんの郷ではみんなでいっしょに作業するでしょう。お昼になればいっしょにお弁当を食べたり、収穫したお米でお餅つきをして、それをみんなで食べたり…。そうすれば、共同で何かをする喜びとか、そういうものが自然に身に付くじゃありませんか。

子どもの時にそういう体験をするということは、言葉では言えないほど大事なものを自分の中に蓄えることだと思うので、そういう体験ができる機会を提供していらっしゃるのは、とてもいいことだと思います。

中川 すごくうれしいです。昨年のインタヴューの時も、今日のようなお話を聴かせていただきました。そのときのことを記事にしましたので、少し読ませていただきます。「何でも安易に手に入り、楽に金もうけできないかという全体的な風潮がある中、失われるものがあり、それは人間にとって大事なことなのだという哲学が、木城えほんの郷で始まったお米作りにあると思う。足の指の間から泥がニュルっと出てきたり、足に虫がくっついたりしながら、植え終わった田んぼを眺めると、若い苗が風にそよぎ、お日さまに照らされている。そういう体験があると、ご飯を食べる時や米という言葉に接した時、米には光も風も入っていると感じられる。そんな経験を子どもの中に残したい―と、やりたいことがはっきりしているのが、えほんの郷のすばらしさよね」。そう語ってくださったのです。

いま、ネット社会になって言葉がだんだんうすっぺらになっている時代に、いろいろな体験ができるのもすばらしいですし、言葉ということに関しても、「米という言葉に接した時、米には光も風も入っている」というように、深いイメージを伴って子どもの中に言葉が入っていく。そのような実践をえほんの郷でやっているということを評価してくださって、とてもうれしかったです。

実のある言葉を子どもたちの体に入れていくことが大切だと、松岡さんは感じておられるのですよね。

実のあることばを子どもたちの体に入れる…イメージ体験

松岡　話はさかのぼりますが、私は、１９６４年ごろから子どもの図書館員としての仕事をしていますから、もう半世紀以上になりますかね。64年から66年までは大阪の市立中央図書館の小中学生室で働いていました。そして、そこで仕事ができなくなって、家に戻って、67年から家で文庫を始めました。それで、図書館で働き始めたころはそうでもなかったのですが、文庫を始めて数年経ったころ、70年代に入って、ものすごい勢いで子どもが変わってきたんです。70年代に生まれたお母さんがこの中におられるかもしれませんが、ほんとうにものすごく変わったんです。

それはどういう変わり方かというと、私にとっては好ましい変化ではなかった。昔といってはおかしいですが、私が働き始めたほんの数年前の子どもたちは、例えば、本を返しにきた時、だーっと玄関から入ってきて、「おもしろかったー！」っていって、返すんです。ところが、その数年あと、その同じ本を返しに来た子が、だまってすーっと返すのね。私としては、おもしろかったはずなのにと思うものだから、つい、「どうだった？」って聞いてしまうでしょう。すると、「うん」とか「うん、まあ」とか、その程度の返事しか返ってこない。前の子どもたちの「おもしろかったー！」の勢いからすると、エネルギーがぜんぜん違うのね。

「ドリトル先生」にしても、「エルマーのぼうけん」にしても続きがあるから、1冊読んできたら、「続きあるよ」っていいたくなるでしょう。するとふん」というだけ。昔だったら「えーっ？！」っていって、ぱっと借りて帰ってくれたんです。それをしない。

一番ショックだったのは、うちは古い図書館ですから、みんな本についているカードに自分の名前を書いて借りるんです。それで、「なにか面白い本ない？」っていうから、こうこうって「ナルニア国」なんか薦めてね。すると、「うん、じゃあ借りる」とかいってカードを開けると、「あ、ぼく、これ、前、借りてた」なんていう。どうしてあの本を読んで1年も経たないうちに忘れてしまえるのか。どういう読み方をしたらそうなるのか。ものすごくショックだったんです。

それで、いろいろ考えてきたんです。ものすごく短い数年間だったんですが、70年代は高度経済成長期で、猛烈な勢いで収入が増えて、猛烈な勢いで電化製品が生活の中に入ってきて、猛烈な勢いで核家族化が進んで、猛烈な勢いで何もかもが便利になって、そういうふうに経済成長して生活が豊かになった。大人の人たちは、戦後の貧しい生活を強いられていた時期を知っていますから、うれしくてしょうがない。だから、気分がものすごくハイになって、浮き足立っていたのね。

子どももそういう影響を受けながら暮らしているわけで、ふわふわしてきたんだろうなと思います。そして、テレビの普及によって、子どもたちは、ものすごく速い速度で、いろんな言葉を覚えてしまう。自分は全然体験をしないのに…。そうすると、言葉はたくさん知っているけれど、その言葉に対して、それを裏付けるためのイメージの蓄えが子どもの中にない。だから、その言葉が全部、するするするっと心の中をうわすべりしていってしまう。

たとえば、田んぼに入って、足の指の間から泥がニュルニュルと出てくるという体験をしている子だったら、「田んぼの泥の中に足をつっこむと」という文章が出てきた時、自分の五感で体験したイメージが、その言葉でぱっと呼び覚まされて自分の中に感覚が蘇ってくる。「田んぼ」とか「泥」とかいう言葉が出てきた時、その言葉の背後にイメージがついているわけです。でも、そういう自分の体験なしに、テレビでたくさん言葉を覚えてしまったら、その言葉が本に出てきても、その言葉によって呼び覚まされる体験の記憶がないわけだから、すぐに忘れてしまえる。端折ってしまえば、そういうことになるのだと思うんです。

テレビはほとんど視覚だけですが、実際の生活では、目で見ること以外に、体の感覚器官——嗅覚とか触覚、聴覚、味覚などを使って生活しています。

目（視覚）というのは、五感のうちでもどっちかというと、人間の情報の取り入れ口としてはものすごく理知的というか知的というか、そういう感覚です。

曽野綾子さんがいっていらしたのですが、あるとき、目が悪くなって手術をしたため、長いこと本を読むことができなかったことがあって、人にいろいろなものを読んでもらったのだそうです。そのときの体験から、「目というのは理の取り入れ口で、耳というのは情の取り入れ口だと分かった」と、どこかに書いていらっしゃいました。実際その通りで、他の感覚は、もっと原初に近い感覚です。

触るとか、舐めるとか、皮膚に何かが触れるとか、臭いがするとか、そういう感覚は、人間の感覚器官の中でもものすごく原始的な鋭い感覚としてある。ところが、目というのは、他の感覚とはちょっと違う。知的な認識に直結しているというか。今の子どもたちは、目以外の感覚で物事を受けとることをあまりしていないがために、言葉のイメージ、言葉の背後にある、そういう言葉を聞いた時に瞬時に喚起されるイメージの蓄えというのがものすごく減ってきている。そういうことが、本を読んだ時に非常に薄っぺらなものしか受け取らないでしまうことに、つながっていると思うんです。私は何度も、この話をいろんなところでしています。

国分一太郎（1911〜85）という先生がいらっしゃいました。この方は『ちちははのくにのことば』（1982）という本と、『しなやかさというたからもの』（1973、共に晶文社）という2冊の本を出しておられます。国分先生は山形県のご出身で、教師として、「綴り方運動」に力を尽くされた方です。

『ちちははのくにのことば』というのは形容詞、『しなやかさというたからもの』というのは動詞で、この2冊は、国分先生がその言葉をどういうふうにして身につけたか、幼い日からの体験を記録しているものです。

形容詞だったら、「あたたかい」のこと、「あまい」のこと、「はずかしい」のこと、というふうに、形容詞が30近く挙がっていて、それがひとつずつエッセイになっているんです。

たとえば、「『あたたかい』のこと」というところを読んでみますと、「小さい時、お父さんの背中にじかに裸でおんぶしてもらって感じとったもの。皮膚がぴったりとくっついているあたたかさが、自分の「あたたかい」という言葉の一番もとになっている」と書いてある。

山形は雪国だから雪が降るとあたたかいんですって。みんなが「はやく雪が降って、あったかくなればよいなあ」とかいうのを聞いていて、実際、雪が降ると、なんとなくほっこりとあたたかいような気持ちになる。それが自分の「あたたかい」のもとだと。

それから、鶏が卵を抱いていると、おばあちゃんが「あー、卵あっためてる」いう。「あっためる」とか「あったかい」っていうのはそういうことかとか。大根を煮たものの残りを、「あっため返しがもっとうまい」といって食べる時とか。子どもたちが雪のなかをこぎまわったり、雪合戦をしたりして、ものすごく遊んで体があたたまってくる。そのころの男の子は丸坊主にしているから、頭から湯気がのぼる。すると、「お前の頭から湯気が出てる」、「お前も出てる」とかいってね。そのとき体の内側からわきあがってくるあたたかさ。おねしょしたら、「赤犬の肉を食べたら治る」といって、ちょっと気味が悪いと思いながら「赤い犬の肉」を食べたりした時の感じとか…。

ありとあらゆる小さい時の体験で、自分の「あたたかい」という言葉の背後に、どれだけのことを体験したかが書いてあるのです。

そういうことを考えると、今の子どもが「あたたかい」という時に、何を体験のイメージの裏側として持っているか。お母さんに抱っこされた時の「あたたかい」体験があるだろうか。寒い時に何かあったかいものを食べたときのうれしさの体験があるだろうか。何かそういう体験を持っていてほしいけど、もし、それがなかったとしたら、国分先生も皮肉っぽく書いていらっしゃいますが、このごろの子どもの「あたたかい」は、自動販売機に「アッタカーイ　コーヒー♪」と書いてある、あれが「あたたかい」になってしまうのではないかって。本を読んで、「あたたかい」という言葉が出てきたとき、自分の体験から後ろ支えをしているものの量が、国分先生と今の子どもとは圧倒的に違うでしょう。

それが、今の子どもたちの本を読む時のものすごく大きなハンディキャップです。どんなことでもいいから、子どもたちに自分の五感で体験させるということをしっかりさせないと、子どものイメージの「もと」がどんどんどんどん目減りして弱くなって、それはその人の弱さになると思います。このことはとても大切で、いろいろなことをしっかりと体験すること、しかも、目で見るだけではなくて、もっと違う感覚、自分の運動器官と感覚器官をたくさん使うことです。そうすると、使った記憶が全部頭の中に残っていくのです。それが、私たちのイメージをつくっている。

私たちは何かをする時に、何でもって行動しているかといえば、やっぱりイメージなのです。

このごろは筋電図というのがあって、人間のからだを動かす時に脳から指令が出て微量の電気刺激が神経を通して筋肉やなんかに伝わる、それを測定することができるらしいのです。その電流が波になって、画面に表示されるようになっています。

たとえば、ものすごく有名なスキーの選手にそれを装着してもらって、他のスキー選手が大滑降をしている映像を見てもらう。すると、見ている選手の中に、同じ状況で滑降するときに使う筋肉への刺激がちゃんと出ていて、本人が滑降をしたのと同じ波状が出るのだそうです。ということは、その選手は、前に滑ったときの感覚がイメージになって蓄えられていて、いつでも呼び起こすことができる状態になっている。大滑降をするときは、その蓄えられたイメージが動きを先導している。何もなしに滑っているのではないんですね。だからこそ、イメージ・トレーニングというようなことが有効になるのです。

イメージを研究する学者にいわせると、人間は何でもイメージで動いているのだといいます。ですから、どういうイメージを、どうやって心の中に蓄えていくかが、その人の行動を左右する大事なことになってきます。自分でからだを動かし、自分の感覚器官を使って蓄えたイメージの記憶は、その人のイメージの「もと」になっていきます。だから、その「もと」を豊かにしてあげないといけないんですね。

ちょっと話がいろいろになりましたが、言葉がどんどん目減りして、子どもの中に言葉の裏打ちをするイメージの総量がものすごく減ってきているということを、わたしたちはもっと認識した方がよいと思います。それを補うためには、子どもにどんなに小さなことでもいいから、自分でさせるのがいいと思います。お手伝いでもいいし、お掃除でも、お料理でもいいから、子どもが手を使ったり、他の感覚器官を使ったりして、何かをすることですね。そうやって、体験をイメージとして蓄えることが必要だと思います。

寒い国のエスキモーの話を読んでいても、一度も寒いという体験をしたことがない子どもは困ると思うんです。寒い思いを一度でもして、皮膚がひりっとして、汗腺がしゅっと締まって、血管が収縮するような体験が体の中にあると、本の中で「寒い」という言葉に接したとき、自分に引きつけてイメージできるでしょう。子どもはものすごく想像力があるので、ほんのちょっとした体験でも、自分の中でうんと大きく膨らますことができるんです。ですから、子どもたちに、せめて種になる体験をさせてやりたいと思うのです。

えほんの郷の「くらやみ探検隊」

中川　まさにその種となる体験をしてもらう環境があるのが、木城えほんの郷だと思います。

たとえば、冬の真っ暗闇の中で、ここの裏山を歩く「くらやみ探検隊」というのがあります。昨年、私もこの「くらやみ探検隊」に参加しました。私の子どもは、参加が3回目になります。本当に真っ暗な、星も出ていないような夜の闇の中、(怖いんですよ。ほんとに) 山を登って、空のステージのてっぺんまで行って、夜空を見て、山を下って、水のステージまで降りてくるというものなんです。「ここを越えたら危ないよ」というロープが一応張ってあるんですが、それも見えないのです。なので、この先どう行っていいか分からないから、何十人かで行くのですが、先を歩く人たちが「こっちだよ」といってくれたり、手を引っ張ってくれたり、「ここに大きな木があるよ」ってトントントンと叩いてくれたりするので、それに頼りながら…。本当に真っ暗闇の中で、つないでくれるその手がすごく温かくて、先を歩く人の声が頼もしく聞こえたりして…。そんな中で、大人も子どももいっしょに歩くんです。

こんな取り組みを、「危機一髪なことをやっていますよね」といわれた方がいました。多少ハードかもしれませんが、そういったことを通じて子どもは、「本物の闇」というものを知るんです。大人も。そしてその後、暗闇の中で焚き火を囲み、火を眺めながら昔話を聞いたりするんです。その焚き火は、本当にあたたかくて…。そのとき、松岡さんがさっきおっしゃった自動販売機の「アッタカーイ」ではなくて、子どもたちはもう本当に冷えていますから、焚き火の周りで「あったかーい」経験をすると思うんです。そういったイメージを蓄える種をもらえる環境を用意しているのが、えほんの郷です。

世の中の多くの人たちが、「子どもには体験を」とか、「自分たちで何かを身に付けることは大切だ」と思っているのにもかかわらず、やっぱり、世の中ではそういうことをすっ飛ばしてしまうというか、おそらく軽く考えてしまっていて…。なかなか今の子どもたちには十分な時間がなくて、どっちかといえば成績だとか、大人の社会なら結果とかというものを求められたりします。いま松岡さんが話された「大切なこと」というのは、軽く見られていると思います。

どうしてそうなってしまっているのでしょうか。

便利になった生活で失われたもの

松岡　ものすごく生活が変わってきたわね。肉体労働ということから、私たちはどんどん解放されてきた。それは、人間が望んできたことだから、そういう方向にきているのであって、誰だって1日に何回も桶に池の水を汲んで、天秤棒でかついで、何キロも歩いて帰ってきて、その水で炊事をするという暮らしよりも、蛇口をひねったら、ざーっと水が出てくるという暮らしの方がいいと思っている。だから、楽になる方向に向かって、すべてが進んできたんです。人類が、人間がそういう選択をして、そういう方向に努力して、今日の便利な生活がある。それは、一概に悪いとはいえない。

ただ、そういう便利な生活を体験してしまった後で、さあ、今から炊事に使う水を汲んでこなきゃいけないという生活に戻れるかというと、もう戻れないですよね。

でも、少なくともそういう便利な生活をすることによって失われていくものがあるということを認識することは、人間にはできると思うんです。そして、なおかつ、それが子どもにとってとても大切な体験だとすると、何らかの形でこの便利な生活の中で、そういうものを補う手だてをつくることを、親として考えることはできると思うんです。ですから、それはほんとに小さなことでいいですから、親が気を付けてあげてほしいと思います。

それから、危険を避けるために、何でもかんでも子どものすることを先に立って止めてしまうことって多いですよね。

ついこの間のことです。東京子ども図書館では、月2回、「わらべうた」をやっているんですが、生まれてから早い子どもでは7カ月ぐらいから来るんです。それで、みんなで輪になって、「わらべうた」をしていた時、ひとりの赤ちゃんが向こう側にいる赤ちゃんの方にはい出していこうとしたんです。すると、お母さんが慌ててぱっと抱き留めたのね。そしたら、先生が、「止めないで！　そのまま行かせてあげてください」といったんです。

お母さんとしては、その子が相手の赤ちゃんの髪の毛を引っ張ったり、口の中に手を突っ込んだりなんかするんじゃないかと思って、当たり前のようにぱっと手を出して引き止めちゃったわけです。でも、先生が、「止めないで」っていったので、その子はそのままはいはいして向こうまで行きました。ようやく座れるようになったばかりの赤ちゃんですから、もうひとりの赤ちゃんのところまで行って、ふたりともじっと顔を見つめ合って、ほほえましくてかわいかったんですが…。

うちの評議員の中に、東京大学で成長ホルモンやなんかの研究をしている学者先生がいます。彼は子どもだったころ「かつら文庫」に来ていて、とても偉くなった先生です。その先生にそのときの話をしたら、こんなことを話されました。

その赤ちゃんは、はじめに、「向こうに自分の興味を引く赤ん坊がいるという認識をする」。そして、「向こう側の赤ん坊との距離を認識する」。そして、「はいはいしていくことによって、その距離が縮まっていくことを体験する」。

自分で運動をすることによって、相手のところまでいって、相手をぱっとつかむ。すると、相手の赤ん坊の腕がどのくらいの柔らかさだとか、固さだとかが認識できる。―距離を測る。神経に命令して運動をする。つかんだ感触から、つかんだものの温度とか柔らかさとか認識する―この3つは神経系統としては別々のものなんですが、赤ん坊がはいはいして相手をつかんだ瞬間に、この3つの別々の神経系統がぱっとつながるのだそうです。だから、赤ん坊の動きを止めさせていたら、そういう神経の連絡網の形成を妨げることになるのだそうです。

人間の脳というのは、神経細胞から小さな樹状突起が出ていて、別の神経細胞の樹状突起とつながることによって、発達していく。その結果、記憶とか、判断とかの機能ができていくわけです。ですから、神経細胞がつながって、いわばいいネットワークができることはとても大事なのに、それができるチャンスを大人はともすると止めさせようとする。「何かあったらいけないから、よしなさい」といって。すると子どもは、何かをしようとする意欲を育てる前に、「しちゃいけない」「しちゃいけない」ということを先に学習してしまう。これは子どもにとってはものすごく損ですよね。頭の中で、そういう神経のつながりが細かくできていくほど微妙な感覚や運動のコントロールができるようになるわけですから。はいはいしようとする赤ちゃんを止めるのは何でもないことのように思いますし、普通にお母さんがしていることだと思いますけれど、それをさせることで子どもが得られることを、お母さんが止めて、させなくしているんだと考えると、ほんのちょっと見守って、実際相手の子どもの髪を引っ張って泣かせる寸前まで我慢できないでしょうかね。それだけ待つことがお母さんたちにはできますか。

えほんの郷に連れてきて、「くらやみ探検」をさせるだけがそうなのではなくて、毎日やっていることの中で、お母さんがちょっと意識すれば、子どもの体験を妨げないですむようにできると思うんです。そういうことを考えてほしいと思います。

「10才のひとり旅」

中川　えほんの郷ではさまざまな体験ができるのですが、それを普段の暮らしの中に生かしていくと、日常の中にいい時間が生まれて、子どもたちもいろんなことを獲得することができるので、家庭や自分の住む場所でやれることがあるのかなと、今のお話を聞いて思いました。

「獲得する」ということと「神経のつながり」ということで思い出したのが、これまたえほんの郷の活動の特徴で、夏には「10才のひとり旅」というのがあります。今は4泊5日であるのですが、子どもたちがここで、自然を舞台にとにかく遊びまくるというのがあるんです。よくあるような、みんなで飯ごうでご飯を炊いてとかいうのではなくて、内容は秘密にされているので親はあまり知らないのですが、素晴らしいのが、まず、どんな天候でもやるということです。子どもたちは雨でも嵐でも、それもいい体験として帰ってきます。

ある年は日照りが続いていました。農家の方たちも困るような雨不足の年。その時に何をして遊んだかというと、「雨乞い」なんです。講師の方が、またユニークな方たちで、俳優、美術家、狂言師で、面白いことを考えてやるんです。その年は、とにかく雨を降らさないといけないということで、雨太鼓を作って、「雨よ降れ」とカミナリ様の方に向かって祈ったり、おみこしか何かを作って、「降れー、降れー」とお祈りしながら、儀式か何か分かりませんが、ダンスを踊ったりして過ごしたらしいのです。なんと驚いたことに、次の日、帰る間際だったと思いますが、雨が降ったというのを聞いて、どれだけすごい体験をしたんだろうと思いました。

ここで、なぜ「10才のひとり旅」なのかということですが、10才という年代は、「自分が何なのか」ということを少し考え始める時期だということで、企画されたそうです。10才の子どもたちが五感をフル稼働させて、そういう原始的なダンスだとか、雨乞いだとかをした。そうしたら天道様に願いが通じて雨が降り出すという。地球をダイナミックに使った遊びを楽しむ中で、おそらく、さきほどのはいはいの赤ちゃんがではないですが、自分はここにいて、相手はそこにいて、そこに手が届いたら何かの感触を得られるという、「10才のひとり旅」で、子どもたちは大自然を舞台に体験する。地球とか、お天道様とか、それは自分の意志だけではなかなか動かせない大きなものだけれども、みんなで願うことで何か素晴らしい奇跡が生まれるかもしれない、といった希望を、みんなで楽しみながら時を過ごせたというのは、得難い経験だと思います。

松岡 その時は雨が降ったからよかった。でも、雨が降らなくてもそれはいいことですよね。それで、やっぱりそういうことをやっている時に解放されるものが子どもたちの中にあると思うのね。子どもだからといって、悩みがない、悲しいことがないというわけではありません。これは、たくさんの大人の人がいっています。大人から見れば何でもないことでも、子どもにとってそれは大きなものであることもあるので、つまらないことでくよくよしたりしていることも子どもにはあるし、なにか満たされないものもあるかもしれないし、もっと深刻ないろんな問題があるかもしれない。だから、そういうものが、みんなといっしょに踊ったり、遊んだりする間に、ある意味解放される。

たとえば、ある人に対して憎いと思っていたとして、その憎しみの感情は、その人に暴力を振るうことでしか解放されないかというと、そうではない。もっと別のやり方でrelease——解き放つことができるはずです。みんなといっしょに踊るとか、お祭りのように、普段しないような大騒ぎをするとか。すると、どこか固く閉ざしていた心の蓋が開くような体験をするのではないかしら。だから、たとえその時、雨が降らなくても「雨乞い」をしたことの意味はその子たちにとって決して失われることはないと思う。結果だけの問題ではないのです。でも、それに結果が伴った時には、いっしょに雨乞いをした仲間とそれを喜び合えるという連帯感が生まれるし、それは他では得られない、すごくすばらしいことだと思います。

遊びの中で得られるもの

中川　昨日の夜、松岡さんはとても面白いお話をしてくださいましたね。子どもたちは時間と仲間がいるだけで、自ら楽しみをつくりだすことができる、というお話です。松岡さんの思い出の中には、中学生の時の「切り株」の遊びがあるのですよね。そのお話をしてくださいますか。

松岡　今、えほんの郷には、ピンクの山ツツジが咲いて美しいので、すごく懐かしく思い出したのです。

私は戦後のどさくさの時期に教育を受けました。私が小学校に入学したとたんに小学校は国民学校になって、６年生を卒業する時に国民学校はなくなって小学校に戻って、しかも新制中学ができて、初めての新制中学の1年生だったのね。もちろん校舎も何もないですよ。近くの商業学校の校舎を借りて、とにかく始まったのです。机も椅子も何もない、窓なんてガラスが1枚も入っていない。しばらくそこで間借りをしていて、それから戦争中に軍が馬小屋に使っていた建物に移って、そこで中学生活が始まりました。今では考えられないですよ。床は張っていないから土ですよね。屋根は杉の皮を張っているだけで、しばらくしてから馬糞紙で天井が張られました。もちろん雨漏りはするし、窓は桟が打ちつけてあって、ガラスは入っていない。そんなところで学校が始まったんです。

急に新制の中学校が始まって、先生も足りない。たくさんの人が戦争中に亡くなっているから、復員してきた人たちが先生になっていらした。ですから、授業になっても全然先生がいらっしゃらないこともあって、どうしたのかなと思って職員室に行ってみると、先生は、冬でしたが、学校中でたったひとつだけある火鉢の上に両足を置いて股火鉢をしていらっしゃるんですよね。今では考えられないような状態だったんです。私たちはそんなふうに放っておかれていたから、学校でも、もっぱら遊んでいたんです。ものすごく遊んだんです。

私たちは毎日、大きな風呂敷包みを持って学校へ通ったの。何が入っていたかというと、お人形ごっこの人形の道具が入っていたの。机も椅子もないから、床に座って風呂敷を広げて人形を出して、みんなで人形遊びをするんです。初めての男女共学です。男の子は人形遊びの仲間には入れないからつまんない。興味津々だけど、どうしていいか分からない。そこで、考えて、人形を盗むことにするんです。「誰が人形を盗んで、それを誰に渡して、誰が3階の窓から下に落として、誰が下で受け取って逃げるか」。男の子は作戦を練って実行するわけです。私たち女の子は、1回目はうまいことやられるんですが、でも、こっち側も、「誰それが人形を盗みに来たら、誰が片付けて、誰が下に回って男の子を止めるとか、追っかける」とか、全部作戦を立てるわけです。それで、「来るぞ、来るぞ」と思いながら遊んでいると、男の子がやってきて、ひょいと人形をひとつ盗って逃げる。女の子の方は、それを待っていますから、さーっと人形を片付ける人、男の子を追っかける人というように、前もって決めていたとおり動く。それが一種のゲームになって、何度もやっては、男の子も女の子もたのしみましたね。授業がないものだから、そんなふうにして遊んでいたんです。

学校は山の上にあって、校舎の外に出ると、山ツツジがいっぱい咲いていました。そこら辺にはもちろん木はあったんですが、薪がないから、近所の人たちが木を盗みに来て、盗伐というんでしょうね、木を切り倒して薪にして持っていっているので、大きな木は、みんな切り株になっていました。

ひとつの切り株がちょうど馬の背のような感じになっていて、またがって乗れるようになっていました。「ちょうどいい」ということになって、そこで考えた遊びが、「じゃんけんで勝った人が、馬に乗って自分の行きたいところを注文する。すると、残りのみんなは相談して、その人の注文を即席劇にして見せる」というものでした。「江戸時代に行ってみたい」とかいわれると、江戸時代のちょっとした知識があるじゃないですか。それをかき集めて、侍になって、刀と称して棒切れを腰に差して、「なんとかでござる」なんていってチャンバラをしたりする。いわば寸劇ですね。それをその子のために見せてやる。

すると、だんだんエスカレートしてきて、どこか知っているところではなくて、「五千年前のエジプト」とか、「三千年先の世界」とか、そういうことをみんないいだすわけです。そうすると、残りの人たちは集まって、「五千年前のエジプトってどんなだったろう」と、ほんの少しの知識を全部寄せ集めて、それらしく、自分の着ている服を裏返して着るとか、頭からかぶるとか、そこらへんにある木の葉とか石とか枝とかを何かに見立てるとかして工夫するんです。

ある時、「三千年先の世界」とかって注文した子がいたんです。それはちょっと大変だから「30数えてください」とかいって、その子が木にまたがって30数えている間に、ちょこちょこっと相談するのね。

「3つのねがい」という昔話があるでしょう。私は「願いごとをかなえてあげる」といわれたら何にするか、昔から決めていたの。それは、「世界中のことばが全部分かるようにしてください」って。3つはいらない、ひとつでいいからお願いしようと思っていました。

面白いのは、その時中学生で、誰がいいだしたのか、私がいったとも思えないのですが、「三千年後の世界には、世界中の人たちがひとつになって、世界中の人たちが同じ言葉を理解できるようになっている」ということでした。それも、難しい言葉ではなくて、とても簡単な単音のことば、「ぱっ」とか、「うっ」とか。それで相手の思っていることが全部わかる、そういう世界になっているといって、それを劇にすることに決めたのです。だから「三千年先の世界」を注文した子が、30数えてぱっと目を開けたら、残りの人たちはみんな、服をひっくり返したり、葉っぱを頭にのせたり、なんか未来らしくしてすれ違うわけですよ。そして、すれ違う時、ニコッと笑って「ぱっ」とか「うっ」とかいうわけ。それで、すっかりお互いの気持ちが通じ合って、これが3千年先の世界だよって見せてあげるんですね。今考えると、すばらしいことだと思うのね。

この「切り株」は、宇宙へ飛んで行けるロケットでもあるし、3千年前の世界へも通じるタイムトンネルでもありました。そのころSF小説なんて誰も読んだことはなかったし、タイムスリップなんていうことばも知りませんでした。それなのに、そんな遊びをしていた。

子どもは、放っておかれると、ほんとに独創的なことを思いつくんですね。「思いつく」ということはすばらしいことだと思います。それは、学校で授業がなくて、外のツツジの咲いている原っぱで、ずーっと遊んでいる中から生まれたんです。今の中学では考えられないことでしょう。でも、そんな遊びをしている中に、私たちは、どんな授業でも得られないすごいものを獲得したと思っています。こういう破れかぶれの子ども時代を過ごさなかったら、とことん遊ぶということをしなかったら、今の私はないかもしれないと思うくらいです。遊びほうけた子ども時代は、本当に大切な時だった。

ベルが鳴って次の授業が始まる前の5分ないし10分の休みではそんなことはできません。放ったらかされて、遊びに遊んでいたからこそできたことです。初めのうちは「江戸時代」といっていたのが、だんだんエスカレートしてきて「何千年先」っていうことを言いだす。そこで、わずかしかない知識をぎりぎり引きのばして、未来の世界を想像して、その想像した先に、世界の人たちがひとつの言葉でみんな分かり合える世界になっていた、ということを考える。それってすばらしいことだと思いません？　もし、私が、今、まわりの子どもたちがそんなことを考えていると知ったら、「まあ、あなたたちすばらしい！」っていうんだけれど、私たちはすばらしいともなんとも思わないで遊んでいたし、別に特別な子どもではなかったと思いますよ。ごくごく当たり前の子どもだった。

普通の子どもというのは、精神的な自由と妨げられない時間と、何かのきっかけになるちょっとした情報と知識、そういうものを持っていたら、自分でクリエイティブになることができるんです。

妨げられない大きなかたまりとしての時間

ここに『子どもが孤独《ひとり》でいる時間《とき》』(こぐま社 1988)という本があります。私が訳して、自分でもこの本を訳せたことをとても誇りに思っている本ですが、この中に、創造性とか独創性、物を創り出す力―クリエイティヴィティ(Creativity)―はどういう条件でできるかということが書いてあるんです。その中のひとつの条件が「妨げられない大きなかたまりとしての時間」です。これはものすごく大事なことです。「妨げられない大きなかたまりとしての時間」が、人が創造的であるために欠かすことのできない条件なのです。

5分刻み、15分刻みで、「今何します」、「次に何します」、「この次は何します」。「次は塾へ行って、塾から帰ってきたらお風呂に入って、テレビを見て」、なんていう生活をしていたらクリエイティヴィティというのは育たない。放ったらかされて、自由があって、そして、妨げられない時間があったら、どんな子どもでも、クリエイティヴィティを発揮するチャンスがある。

クリエイティヴになる種は子どもの中に全部あるの。それは特別な人でなければだめなのではないと、この本にも書いてあります。誰でもが知っていることを、ちょっと違った形で組み合わせることが創造性ということなのであって、それは、特別な才能のある芸術家だけが持っているものではなく、誰でもが持っているものなんだ、と。それを発揮させるためには、いくつかの条件があって、その中の一番大事な条件は「妨げられない大きなかたまりとしての時間」ということなんです。それを今私たちは子どもに与えることができているかどうか。私たちが子どもの生活に、なんというか、指を突っ込んでゴチャゴチャひねくり回していないだろうか。

戦後のどさくさのときには、大人たちは生活に一生懸命で子どものことを顧みる暇がなかった。そのことが私たちにものすごく幸いして、放ったらかされたことによって自由があった。授業がちゃんとなされなかったために時間があった。まあ、それで、遊んだこと遊んだこと！ その遊んだことが、やっぱり何か、精神のとても大きな力になっていると考えます。

今のように、忙しい忙しい生活を子どもに強いていると、子どもはだんだん、ちまちまちました人間になって、本当にクリエイティヴな生き方のできる人間にはなれないのではないかと心配します。昔と違って今は、子どもが妨げられない時間を持つ、退屈するというような状況をどうやって作りだすかということを、大人が考えなければならない状況です。「ぼーっとしていたらだめ。何かしなさい」というのではなく、「あー、ぼーっとしているって、いいこと」って思ってくれる大人の人を増やさないと。

というのは、「ぼーっとしている」と見えるときには、意識の下ではものすごくいろんなことが起こっているんです。それは、その「ぼーっとした時間」に、さっきいった「神経細胞がつながる」ことが行われるんです。その時間を持っていなかったら、その子らしい面白いことを思いついて楽しく遊ぶことができなくなる。それには、大人がそのことの大切さを知っているということが大事だと思います。だから、子どもがぼーっとしていたら、安心して、「あーよかった」と思うような親御さんになってほしいです。「ぼーっとしてないでなんとかしなさい」とか「本でも読みなさい」なんて言わないでほしい。昔の子どもって、そんなふうだったでしょう、地面に座り込んで蟻の行列やなんかを1時間も見ていたと思いますよ。そういうことが子どもの創造性の発達にとって大切なことだということを認識してほしいと思います。

本を読むということ

中川　松岡さんは、この『子どもと本』の中でも、「本を読んだ後の時間、できるだけ子どもたちにぼーっとさせておきなさい」と書いておられます。たとえば、今は本を読んだりすると、感想文だとか作文だとかを子どもに求めたりしがちですが、松岡さんは、「読みっぱなしでいいんですよ。読んだものが発酵し熟成するのを待てばいい」と、「たっぷり遊んだりぼんやり空想したりする時間が与えられてほしい。本を読んだ後の遊びと空想は、読んだ本が子どもの血となり肉となっていくためには欠かせない」と書いておられます。本を読んで、きっとぼーっとする中で体験と言葉が結びついていったり、これからのことを考えられるようになったりするのでしょうね。「それが奪われていることの方が、読書離れよりも重大な問題だ」と、松岡さんは書いておられます。

松岡　だから、「読む時間そのものと、そのことをぼんやり考える時間とがセットになって、読書だ」と、私は思っています。本を読んでいる時間だけが読書ではない。普通の人は、読んだ後忘れているように思っていても、意識の下でそれがずうっと動いているものだと思います。

子どもの場合は、それを遊びに生かして「ごっこ遊び」に発展するケースがとても多いです。私の文庫に来ていた子で、そのころ5年生くらいだったと思いますが、ひとりで8回も9回も『ロビンソン・クルーソー』を借りていった子がいました。すぐ近所でしたから、通りがかりに見ていると、1年生の男の子をフライデーにして、近所の空き地でしょっちゅう、「無人島ごっこ」をやっているんです。そして、本を返しにきては、また、『ロビンソン・クルーソー』を借りて帰っていく。また遊んで、返しに来て、また借りて帰って遊んでのくり返し。あれだけ遊んだら、さぞかし『ロビンソン・クルーソー』の世界がその子の中に落ち着いただろうなと思います。

そういうふうな直接的な遊び方をしていなくても、ぼんやりしている時に、どこか自分の意識していない深いところで、そのお話で読んだことがぐるぐるぐるぐる回っているんだろうと思います。そういうプロセスを経て、読書の体験がその人の血肉になるというか、その人をつくっていく栄養になるんだと思います。

私は『子どもと本』の中にも書きましたが、よく「私の人生を変えた1冊の本」などというアンケートやコラムがあって、「私はこれこれの本を読んで人生観が変わりました」という人がいるでしょう。そういう人が少しうらやましい気がするんです。私はずっと本を読んできましたけれど、一度もそういう「1冊の本で人生が変わる」ような体験をしたことがないのものですからね。それこそ、鶴見俊輔さんの本に『読んだ本はどこへいったか』（潮出版社　2002）というのがありましたけど、私も読んだ本はどこへいったのかと思います。

私の読書をタイプでいえば、読んだ本は、まるで小さな粒子というか塵みたいになって精神の中をフワフワ浮いていて、時間が経つと少しずつ少しずつ下へ沈殿していって、自分の精神の土壌を作っているので、「読書塵沈殿説」といっていいかな。たった1冊の本で人生は変わらないけど、たくさん読んだ本のちょっとした言葉だとか、全体の印象だとか、そういったものがずうっと心の下の方に溜まっていって、結局は自分の考え方や感じ方というのをつくっているのだと思います。

私は一度、国際アンデルセン賞の審査委員をしたことがあります。そのときは、世界の20カ国から、ひとりの作家について大体6～10冊くらい本が送られてきているのですが、それを何カ月かで読まなくてはいけないんですね。後にも先にもそんなふうに本を読んだことはないくらいの読み方をさせられたのです。私の書斎に上がるところに階段があるので、そこに1段1カ国分ずつ本を置いておいて、読んでいったんです。時間がないから、1冊読んだら、すぐまた次を読なきゃいけない、それがものすごく苦痛でした。

ことに、今『第八森の子どもたち』（野坂悦子訳　福音館書店　2000）として訳されている、エルス・ペルフロムさんというオランダの作家の作品がとてもよかったんです。このペルフロムさんは、ちょうど私と同じ世代で、彼女も戦時中疎開をしていたらしい。この作品は、ひとりの女の子の疎開体験と、それを通じての成長を描いているものですが、疎開先の農場にナチスの兵隊がやってくるというような場面があるとてもいい話で、それを読んだ時は感動して涙が出るほどでした。でも、その読後感にひたっている時間の余裕がなくて、すぐ次を読まなくてはなりませんでした。それがものすごく苦しかったのね。だから、読んだ後、その『第八森の子どもたち』のことを1週間でも10日でもぼんやり思って過ごすことができたら、どんなに幸せかと思いました。読後の時間は、とても大切なものだと思います。

読後といえば、読書感想文の問題があります。もし、この中に学校の先生がいらっしゃったら、よーく聞いていていただきたいのですが、どうか、感想文を強制しないでください。ぜったいしないでいただきたいと思います。みなさんは、お子さんのために食事をつくる時、体が丈夫になるように、栄養のことを考えて、ビタミンAやビタミンB

があるからとにんじんやほうれん草を食べさせ、タンパク質がいるからとお肉や魚を食べさせていらっしゃるでしょう。それだからといって、今食べたものが栄養になったかどうかを、口の中を開けてのぞいてみますか？　お腹を開いて、食べた物がどうなっているか見ますか？　そんなことはしないでしょう。それなのに、本という精神の食べ物の時だけ、どうしてあとのことを詮索しようとするのでしょう。そんなことはするもんじゃないと思いますよ。それは、その人の中で、その人のやり方で、自然に血肉化していくものだと思うのです。

なぜいけないかというと、本から受けた感動というものはなかなか言語化しにくい、ことに子どもは。そして、大人のいうことは決まっているでしょう。子どもが「面白かった」って書くと、「どこがどう面白かったか書きなさい」って。「どこがどう面白かったか」ということを書くためには、分析ということをしなくていけない。分析というのは、分けて、切って、つまりずたずたにすることです。だから、感動をずたずたに切り刻むことをさせちゃいけないの。感動は丸ごとちゃんと心に納めて、それが少しずつ少しずつ血肉になるのを待たなくちゃいけない。

読書感想文については、たまたま私のところがそういう仕事をしているからかもしれないけれど、うちの講習会にいらっしゃる方で読書感想文についてとてもつらい体験をしたと打ち明ける方が、ひとりじゃなくこれまでに5人くらいもいました。その人たちはみんな「とてもよく書けた」といわれて、県や国に出すということになって、先生が添削なさったというんですね。先生にいわれて、いわれたように書き直していると、どんどん文章が自分から離れていく気がする。それがいやだという感覚はあるのだけれど、そのことをうまく先生にいえない。しかたなく最終的にその「よく書けた感想文」で入賞して、ご褒美をもらったりしたのだけれど、全然うれしくなくて、今の年齢になっても、読書感想文というとつらい思い出がよみがえると、おっしゃる方がおられるのね。

先生はおそらく、きちんと整理して書くように指導されたからなのではないかと思いますが、子どもは自分の感じたことをそのまま文章化できるほど表現力があるわけではない。また、人にわかるように整理して書くこともできない。そのためには、分析しなければならないからです。でも、子どもは分析が得意ではないのです。子どもは、丸ごとものを受けとるのが得意だし、それが子どものものの受け取り方です。分析ができるようになるのは、自意識が生まれる思春期後期あたりではないでしょうか。そのころになって、ようやく自分の体験を客観視して分析することができるようになる。客観視するためには、ものを感じた自分と、感じた自分を見ているもうひとりの自分が必要なんです。そうでないと分析はできません。

その分析を小学校の子どもに強いて、「どこがどう面白いのか書きなさい」というと、子どもは本当に困ります。それで、感想文に書きやすい道徳的な教訓をテーマにした本を選んで、大人の期待するように書いたりなんかするようになってしまう。無理にそういうことをさせないで、読後の感動を、たとえば、歌にしてうたうとか、ダンスにして踊るとか、絵に描くとか、言葉以外のメディアで表現させたらいいのに、と思います。特に小さい子どもの場合は、遊び—劇遊び—で表現させるのは、とてもいいことだと思います。

子どもの遊びを誘う絵本

本の中にはひとりでに子どもの遊びを誘うような本があります。私が訳した本の中で『おさるとぼうしうり』（エズフィール・スロボドキーナ作　福音館書店　2000）という絵本はその典型で、うちの文庫では子どもたちが何週間も「ぼうしうりごっこ」をしました。とてもいいのは、ぼうしうりはひとりだけれど、あとの人はみんなおさるになれるから、役どころが決まってなくてもやれることです。子どもたちはほんとによく遊びました。

もうひとつよく遊べるのは『三びきのやぎのがらがらどん』（マーシャ・ブラウン絵　せたていじ訳　福音館書店　1965）です。保育園では、必ずよくそれで遊ぶようになります。

私の知っている人が信州で、「大地」という自然の中で子どもたちを遊ばせる保育園をやっています。そこでのことですが、『三びきのやぎのがらがらどん』を読んだあとすぐに、子どもたちが小さな平均台をがらがらどんの橋にして、自発的に劇遊びをはじめたのだそうです。でも、ひとり、他の子がやるのを見ているだけで、どうしても遊びに入らない子がいたんですね。でも、そのうちに、少しずつ遊びに入るようになったのです。はじめは、「一番小さいやぎのがらがらどん」の役しかやらない。それがしばらく続いて、それから、「中くらいのやぎをする」っていいだしたんですって。そのあと、大きいやぎもやるといって、しまいにはトロルもやると…。どのくらい劇遊びが続いたかわかりませんけれど、長いあいだ同じ遊びをつづけているうちに、子どもが成長したんでしょうね。はじめは入れなかった子が、小さいやぎをやって、中くらいのやぎになって、大きいやぎになって、しまいにトロルまでやるようになった。そのときには、もうその子にとって「がらがらどん」のお話は血肉化していると思うんです。そして、おそらく、人生でトロルに象徴されるようなおそろしいものに出会っても、かならず克服できる、という信念のようなものも育っている。

この例は、子どもが本から受け取ったものをどうやって血肉化するかのプロセスを、まるで絵に描いたように見せてくれた出来事だといえます。

そんなことが、本を読む子どもたちの心のうちの見えないところで起こっているんです。

子どもがくり返しくり返し、お母さんに『三びきのやぎのがらがらどん』を読んでくれとせがむとき、初めは、一番小さいやぎに一体化して聞いているかもしれない。次には中くらいのやぎになって、最後に大きいやぎになってトロルをやっつけて、胸がスカッとしているのかもしれない。お母さんは「毎回毎回、同じ本を読んで」と思っているけれど、子どもは読んでもらっている間に、そうやって成長しているんです。そうしてその本から吸収できるものを吸収しつくしたら、その本を卒業する。もう読んでもらいたがらなくなるわけです。

大人は1回読んでもらったら話はもう分かっていると思っているでしょう。でも、子どもが追っているのは、話の筋だけではないのです。くり返しくり返し読んでもらって、そのたびに、新しい冒険を体験している。物語のドラマをその都度追体験しているわけですよね。そうすると、読んでもらっているうちに物語が血肉化する。それが、本当に本を読むことであって、1回こっきり『三びきのやぎのがらがらどん』を読んでやって、「さあ、このやぎのことをどう思いますか」っていって、何になりますか。何にもならないどころか、せっかく読んでもらった時に楽しかった記憶まで損なってしまうことになる。

子どもの本は、読んで面白くなかったら、その子にとってご縁のない本ですから、縁がなかった本は縁がなくていいんです。縁のある本もあるんだから…。この世の中に何万冊、何千万冊と本はあるんですから、その子とぴったり波長の合う本がどこかにあるはずです。たとえ名作といわれる本でも、その子にとって面白くなかったら、意味はありません。

それでも、その中のひとつの言葉が耳に残ったり、その中で思い描いたひとつのイメージだけが鮮明にその子の中に残っていたりすることもあります。そういうことが起こるということは、その子の内面にそういうイメージを必要としている何かがあるということなのだと思うのです。それこそが大事なので、はじめて読んだとき、全部のことが隅から隅まで分からなくてはいけないなんてことはない。わからないことがたくさんあっても、それでも本を読むことのメリットはあるんですよ。

だから、本はとにかく楽しく読むことが大事です。読んだことを忘れている人の中には、私のように、「塵」が沈殿していくタイプの読書をしている人がいると思うから、それはそれでいいことじゃないかなと思います。

中川　そうですね。さきほど、「体験と言葉が結びつく」というお話がありました。「森のえほん館」がこの上の方にあるのですが、そこでは、子どもたちは本を読んでいる子もいれば、遊んでいる子もいて、また、本を読んでから森の中に入ってじーっとしている子もいます。えほんの郷では、そういった時間を大切にしています。

私の子どもは今6年生になるんですが、本を読んだ後にお人形ごっこをするんです。それも黙ってしているんです。なので、役者が何を演じているのかもさっぱり分からないのですが、そういったことが大切だということが『子どもと本』の中に書いてあります。私も親のひとりとして、わが子にできれば幸せに生きてほしいと思います。へたすれば、子どもがぼーっとしていれば、「宿題終わったの」とかいいそうなところを、松岡さんの本から教えてもらっているおかげで、「今は見守る時なんだ」と、日常の中で思うことができています。

それを考えると、松岡さんが長年されてきた活動や東京子ども図書館で続けてこられていること、発信されていることの重みを感じます。えほんの郷・事務局長の森一代さんは、東京子ども図書館のことを「私たちを照らしてくれている存在」といっていらっしゃいます。

そうやって、東京子ども図書館や木城えほんの郷が、私たちに、ふだん暮らしている日常の中で、大事にしなくてはならないことを気付かせてくれている、ということはすごくありがたいことだと思います。

松岡さんは、子どものことを考え、長きにわたる活動を続けていらっしゃいますが、どういったことを原動力にして歩んでこられたのでしょうか。

松岡　自然に子どもと本のことを仕事にするようになったので、取り立ててものすごい決意をしたとかということではありません。ただ、自分が本が好きだったということと、子どもが好きだったということと、子どもにお話をしたりすることが好きだったからで、ただ好きだということでやってきたんだと思います。子どもはとても面白いから、仕事をすればすれほど面白いということはあります。

ただ、私は途中から私立の図書館を始めたものですから、実際に子どもと毎日いっしょに過ごすという時間が、かなり早いうちから出来なくなってしまったんです。言ってみれば、零細企業の社長さんみたいなことをやっていたので。何人かの人を雇って仕事をしたら、その人たちのお給料を払わなければならない。どうやったらそのお金が出てくるかということを考えなくちゃならない。一方で、講習会をして次の世代の人を育てなくてはならないというので、先生役をしなくてはならない。それに時間と精力をとられて、実際に子どもといっしょに絵本を読んだりすることができなくなりました。それは、とても残念なことではあったんですが、私の場合、それはやむを得なかった。もうちょっと子どもたちといっしょにいたかったなとは思いますが、別にそのことで後悔はしてはいません。

私ができなかった分、若いスタッフが子どもといっしょに時間を過ごして、特に研修生は、毎日のように児童室で子どもに接して、いろいろ面白い発見をしているので、そういう人たちにチャンスを与える仕事ができたことは、私の誇りです。人は、やることに意味を見つけることができるとか、あるいは、やっていること自体が面白いということがあると、それによってエネルギーが再生産されるんですね。だから、仕事をするとただエネルギーが消費されるのではなくて、仕事がたのしいと、仕事をすることでエネルギーが再生産される。そういう形でやってきたので、45年間、もうすぐ50年ですが、続けてこられたんだと思います。面白くない仕事だったら続かなかったでしょうからね。

中川　どういったところが、面白いと思われましたか。

松岡　やっぱり、子どもが見せてくれる反応が面白いのですね。また、子どもと本に関わる仕事をしている人が、子どもの反応を見ていろんなことが分かってくるとか、今まで気付かなかったことが分かってきたとかいう報告をしてくれる時は、ものすごくうれしいです。ですから、お話の講習会とかで、みんなが感想を言ってくれる時には、自画自賛ですけれど、これからこの人たちが子どもたちにお話をしてくれるようになるんだなあと思うと、ものすごくうれしいです。そのようにして卒業していった人は１００人を超えますから。そして、全国に散らばって子どもたちにお話を語り届けてくれているということを考えると、とてもうれしいです。

中川　松岡さんは、途中で子どもとは関われなくなってきたと言っておられましたが、なぜ、民間の立場でずっと続けてこられたのでしょうか。公的な助成とか受けないで、民間でやってこられてご苦労もあったと思います。どうして民間にこだわってやってこられたのでしょうか。

東京子ども図書館の果たす役割

松岡　それは、お役所ではできないことをしているからです。お役所でできない一番大きなことは、同じ仕事に長くとどまれないということです。私が大阪の図書館を辞めることになったのも、3年経つと別の部署に替わらなければいけないということがはっきり分かって、子どもの仕事ができないということになったからです。「15年、20年経ったらまた戻ってこられるかもしれませんよ」といわれても、20代の、子どもと本のために一生懸命働こうと血気に燃えていた者にとって、20年、25年というと永遠ですよね。その間、我慢して、他の仕事をして待っているということはとてもできない、と思って辞めてしまったんです。

それ以後、私の仕事は、公立の図書館の中にあって、同じような困難な状況の下で仕事をしなければならない人の援護射撃をする、というのが大事な目的のひとつになりました。東京都では、毎年新しく図書館の児童室に配属された人たちのために講習会を開いていますが、180人から200人くらいも参加者があるんですね。図書館のことも、児童サービスのことも、まったく何も知らない人がほとんどだと思います。東京子ども図書館からもベテランの職員が講師を依頼されて行き、「児童奉仕はこういうものですよ」、「お話の時間はこんなふうにやります」、「昔話は子どもにはとても大切です」というようなことを講義するわけですが、受講した人たちは2、3年するとまたどこかへ異動するので、毎年毎年新しい人が来て、毎年毎年同じことをくり返さなければなりません。こういう状態を公立の図書館では改善することができないのです。

たとえば、東京子ども図書館では『絵本の庭へ』とか『物語の森へ』という、「子どものための読書施設ではぜひこれだけの本をそろえてほしい」という子どもの本の基本蔵書目録を作っていますが、そのような目録を作るには、子どもの本をよく知っている人が必要です。それも、何年も何年もずうっと子どもといっしょに本を読み続けてきて、子どもの本についての知識の蓄積のある人が必要です。たとえば、子ども向けの新しい釣りの本が出たとしますね。パッと見には、よさそうに見えるけれど、長年児童室で働いてきた人は、同じような本が5年前にも、別の出版社から出ていることを知っている。両方を比べて見ると、中身は前のほうが親切でわかりやすい。むしろ前の本のほうがい い、といえるわけです。今年、新しく児童室に行った人にはそういう仕事はできないでしょう。そういう知識と経験のある人たちが協力してはじめて、基本蔵書目録のようなリストを作ることができるわけです。

公立の図書館で児童奉仕をする人たちが、継続して仕事をすることができて、その人たちが集まってリスト作りをすることができれば一番いいのですが、それができない状況だから、やせ我慢して私たちのような私立図書館でやっているんです。

私立図書館の運営は、それはやっぱりお金の面でものすごく大変です。私は今年理事長職を引いたのですが、毎年のように職員たちが、「今年はこういう仕事をしたいからこれだけお金がいります」というように予算の原案を出してくるので、それをもとに予算をたてるわけです。けれど、要るお金は、入る予定のお金に対して、たいてい大幅な赤字だと分かります。さあ、それをどうするか、頭を絞って知恵を絞って・・・。そういう苦労を毎年毎年積み重ねています。ありがたいことに、全国にはわたしどもの活動を支えてくださる賛助会員がいらっしゃって、その方々からのご支援でなんとか今日まで存続することができていますが…。

そこまでしてやらなくちゃならないか、といわれるかもしれません。たとえば、日本の子どもや、子どもの本全体のことを考えた時、「本が出て、2、3年して絶版になって」ということを繰り返していては、面白い、良い本が出ても残っていかない。そういうようなことは、けっしていいことではありません。そんな「賽の河原」のようなことをやっていると、「こんな良い本があります」、「子どもたちが喜んで読んでいます」ということを次の世代に伝える人もいなくなる。苦労してそういう良い本を生み出した人も報われない。それでは困るんです。一つの時代が生み出した価値のあるものが、次の時代に伝えられていくことで、私たちの文化は高められ、生活の質がよくなるのですから。

東京子ども図書館では、職員は薄給に甘んじて働いてもらわないとならないけれど、その代わり、「別の部署へ行きなさい」とはいわれない。あなたが本と子どもが好きであれば、いつまでもここにいて、しっかり勉強して知識を蓄えてください、といえるのです。


日本の図書館ってひどいんですよ。慶應義塾大学の図書館学科を出て、一生懸命区立の図書館で働いていた人が、ある日、3月の末に、「4月1日から、あなたは税務署です」といわれたんです。「社会教育課に行きなさい」というならまだわかるけど、税務署となると仕事のことは何もわからない。それでも税務署に行かなくちゃならない。今までだったら、子どもたちにお話したり、探している本を見つけてあげたりして、利用者の人から「ありがとうございます」っていわれていたのが、税務署に行ったら、初めてとった電話で、ものすごい勢いで怒鳴られた。税金の不満をぶつけられたんでしょうね。最後は、「待ってろ。税務署に火つけてやっから」と、捨て台詞をいわれたそうです。そんなことが現実に起こっているんですよ。これでは、質のいい仕事はできません。

私立の図書館でも、長いこと仕事を続けて、知識や経験が蓄積されるとどういうことになるか、そしてどんな意味があるかを、実際にやって見せたい。それを見せるところがひとつくらいないと困る。それで、やせ我慢して、お金の苦労をしてでも頑張っているということなんです。

中川　松岡さんが強い信念を持ってやってこられたことは、ここに来ている皆さんも、ひしひしと感じていらっしゃると思います。

最後になりますが、松岡さんが、今、最も気になること、こういうふうに変わっていけばいいと思われることがあったら聞かせてください。

昨年、「木城えほんの郷20年」の連載の取材に伺った時、冒頭、お話しされたのが「イスラム国」のことでした。世界でテロが起きて、紛争が絶えなくて、どうしてこんな社会になっちゃったのだろうねといわれて…。

松岡さんは、本のこと、子どものことをお仕事としてずっと続けてこられているわけですが、世の中のことに広く目を向けておられ、今何が大切なのかを考えながらお仕事をなさっている方だということを垣間見た瞬間でした。

今、大切に想っていること

松岡　今という時は、ものすごく大きな変化の時代なんだと思うのね。変化がどういうものかというのは、ちょっと時を置いてでないと見えないんじゃないかと思いますが…。その渦中にある人は洗濯機の渦の中に巻き込まれているようなもので、その実態を見きわめることはできません。少し時を経て見ないと、この時代がどういう時代かということは分からないのではないかと思います。20世紀から21世紀になる時は、少し良い世界になるような気がしていたのだけれど、ますます難しい世界になっていくような気がします。

さっき『子どもが孤独でいる時間』という本の話をしましたが、あれをお書きになったエリーズ・ボールディングという方の旦那様で、ケネス・ボールディングという方がお書きになった『二十世紀の意味』（岩波書店 1967）という本があります。清水幾太郎氏の訳で岩波新書から出ていたものですが、今は絶版になっているかもしれません。ケネス・ボールディングという方は、経済学者で、ノーベル経済学賞の候補にもなったといわれている方ですが、詩人でもあって、詩集もお出しになっているし、また、イメージについての著作もあります。

私は、この『二十世紀の意味』という本を若いときからくり返し読んできたのですが、著者は、人類の歴史を大きく3つに区切って、「文明前の時代」と「文明の時代」と「文明後の時代」というふうに非常に大きく世界の歴史を見ています。

「文明前の時代」から「文明の時代」に移ったのは何が原因かというと、農業をして食糧の余剰ができてきたことだと書いています。その日捕ってきた物で暮らさなくてもよくなって、備蓄ができてきたということ。

それから「文明の時代」から「文明後の時代」へ移りますが、その移行の鍵になったのは何かというと、情報や知識の余剰なんですね。20世紀というのは、ちょうどその移行期に当たる時代だ、ということを書いていて、とても面白いんです。「文明」から「文明後」の転換をうまいことやっていけるかどうかということは分からない。それがうまくいかない恐れがある。それは、たとえば、人口が爆発的に多くなって地球がそれを支えきれなくなる危険とか、あるいは、エネルギー源が枯渇して石油とかの資源が無くなってしまう危険とか、核戦争が起こって世界がだめになる危険とか、五つくらいの危険があって、そのうちのひとつの危険が、人間の精神が堕落する危険。

つまり、人類は長い間にわたって飢餓状態で生きていたと考えられています。ごく限られた支配階級の人だけが、十分食べることができた。つまり、王さまみたいな人ですよね。ところが、そういうふうにたらふく食べて、生活の厳しさから解放されると、精神的には堕落するというのがお決まりのコースなんですね。もし、人類総中流化みたいなことになったら、「文明」から「文明後」への移行は難しくなる・・・。

ボールディング氏がこの本を書いたときには、地球温暖化の問題、大気や海の汚染、宗教や民族間の対立の問題は、まだ顕在化していませんでした。でも、今は自然環境のことや、ISやテロの問題など、難しい問題がいっぱい出てきて、人間がこれを自分たちの知恵でどうにか収拾できるかどうか危ぶまれます。21世紀は、人類が全体としてものすごく大きな試練に立たされているというか、恐ろしい時代だと思います。

人間は時代の中で生きているわけですから、その時代の空気を吸って、その時代の生活様式に従って生きているわけですから、子どもたちの上に起きている小さな変化も、この時代の大きな変化の中に置いてみると、マクロの流れの中で起きていることだといえるでしょう。インターネットなどの普及で、地球は、どんどん小さくなって、人々は互いにどんどん近くなっているはずですけれど、でも、私が中学の時に遊んだように、みんなが同じ言葉で分かり合えるようにはなっていない。むしろ、対立・衝突が増えている気がします。

でも、その対立の状況をみていると、人間そのものがもっている貧しさが、物事をいっそう難しくしていると感じないわけにはいきません。

たとえば、今度アメリカの大統領選に立候補したクリントンさんが、銃規制のことに対してかなりはっきりした意見をいっていますが、でも、これはとても勇気のいることだと思います。というのは、全米ライフル協会には500万人くらいの会員がいて、選挙のときにはすごい影響力をもっているからです。あれだけ無差別の射撃で人が殺されるという事態が起きても、全米ライフル協会の人たちは銃規制に反対しています。協会の会長さんだったか、テレビに出て言ってましたけど、「悪い人の手にある銃を抑えることができるのは、善い人が持っている銃だけだ」っていうんです。

善い人と悪い人は、はじめっからそんなにきれいに分けられるもんでしょうか。そういう認識の浅さ。それに、自分は善人の側に立っているという思い込みの馬鹿さ加減。そういうのを見ていると、その人たちの精神がよく耕されていなくて、すごく貧しいということを感じます。だから、そういう考えではなくて、私たちは、みんな善の種を持っているけれど、悪の種も持っている。自分の精神は自分でコントロールできると思っていても、病気とか、何らかの理由で、善悪の判断ができなくなることもあるかもしれない。激情にかられて我を忘れることもあるかもしれない。そういうことが我が身にも起こり得ると想像できる人であってほしい。

やっぱり、心が耕されていて、人間は単純に善人と悪人に分けられるような存在でない、もっと複雑な存在だという認識を持つためには、私は本を読まなければいけないと思います。私の結論はめぐりめぐってそこへ行くんですが、「自分は善人で、他の人は悪人だ」と決めつけることしかできない人が、政府の要職についたり、大きな団体の代表になったりする世の中だと、これから先のことが心配です。小さな子どものうちに心を耕して、人間について深みに届くような理解をもってもらいたいと思います。

それにつけて思い出すのは、私が折りにふれて読む『預言者（The Prophet）』（至光社 1988）という本です。カリール・ジブランというレバノンの詩人が書いた本ですが、これは、知恵のある予言者に、いろんな人がいろんなことを尋ねて、それに対して予言者が応えるという形をとっています。この中で、裁判官が「罪と罰について」尋ねるところがあるんですが、その中に忘れられない言葉があります。

「一枚の木の葉も、木全体の暗黙の了解なしに黄色に変わることはない」というものです。私たちは、悪いことをする人のことを、自分とは違う人、自分の世界に属していない人のようにいいがちだけれど、どんな聖者も、私たちの中にある心の高みを超えて高くなることはできないし、どんなに邪悪な、弱い人も、私たちの中にある心のいちばんの低さを下回って低くなることはできないのだと、この予言者はいうのです。

つまり社会全体を木、私たちを葉にたとえると、私たちはみな社会の中で生きているのだから、そこで起こることと無関係ではいられない。善も悪も、私たちの中にあるというんですね。私は、それは本当だと思います。

私たちはISイスラム国の人のことを悪い人だと思っています。「あの人たちと私たちは違う。あの人たちは残虐で、私たちは善良だ」と思っているんですね。でも、自分の隣人に親切にしないとか、国としても、シリアの難民を受け入れないとか、よくない状況に対して、何もしない、理解していないということが悪を生んでいると考えると、私は関係ありませんということはできない。

そういうつながりというか考え方を教えてくれるのは、私にとって、『預言者』という本なのです。アフガニスタンの旧支配勢力タリバンが、バーミヤン遺跡の大仏さまを爆弾で壊してしまったでしょう。その時、あそこを訪れた皇后様が、「知らずしてわれも撃ちしや春闌《た》くるバーミアンの野にみ仏在《ま》さず」という歌を詠んでいらっしゃる。「知らずして」ということがあると思う。その「知らずして」私たちがしていることがつながって悪事を起こしている。「私たちは善人で、あっちは悪人だ」とは、絶対いえないのです。

そういうことを考えると、そういうつながりを感じとることのできるような人間の感覚を人間のうちに育てるのが私は本だと思うから、子どもたちに本を読んでほしいのです。

だから、本当にこれからの世界、人口の爆発も、エネルギーの枯渇も、原発が危険だということは分かってきているし、地球の温暖化もあって、核戦争、北朝鮮やなんかが始まっているからそういう危険が去ったわけではないし、中東ではパレスチナとイスラエルが対立しているし、そしてイスラムと他の宗教の間でもいろいろなことが起こる。

ただ、全部に希望がないわけではない。小さな規模でいろいろな試みが行われているわけで、それを私たちは支えていかなくてはいけない。何よりも、「子どもが希望」なんですよ。子どもたちが大きくなって問題を解決する以外にはない。世界を破滅に導くような行動に力を貸すのではなくて、それを持ち直すような側の人間をひとりでもふたりでも育てるということが、私たちにできることなので、それを助けるために本があると私は思っています。

中川　問題が山積みとなっている世界を、「持ち直す」側の人をひとりでもふたりでも育てる。本はそれを助けてくれる。やるべきことが、はっきりと見えてきました。

本当に難しい時代が来ると思うのですが、ここに来られた方は本や子どもが好きな方々がばかりだと思いますので、今日松岡さんからお聞きしたお話を日々の活動や生き方に生かしていかれることでしょう。

ロングインタヴューのはずが、ロングロングインタヴューになっていますが、せっかくですので、松岡さんにぜひお尋ねしたいということがあれば、感想でもいいです。

質問に答えて

Mさん　子どもたちに本を読むようになって10年ぐらいになります。自分が読み聞かせや語りを始めた時にあった、「伝わっている」という実感が、今の子どもたちに感じられないと思うことがあって。それはもちろんこちらの側の力不足というのはあるのでしょうが、子どもたちが変わってきたのではないかと感じます。

子どもの中にまだ無くてもいいような大人の感情が感じられること。先ほどのお話しの中でもありましたが、子どもたちの中に否応なく入ってしまう情報があること。私は田舎に育ちましたので、この時期になると寄り道をして帰っていた。でも、自分の子どもの時には、それは心配でならない。私も、自分の体の中にある言葉で子どもたちに語りかけていきたいと思うし、本を読んでいきたいと思って、いろいろなことをぐるぐると考えているんです。変わっていく子どもたちにどのように伝えていけばよいのか、お聞きしたいと思います。

松岡　みんなそれぞれ向き合っていかなければいけないですよね。田澤先生といって、仙台の小児科の先生がおっしゃっているんですけれど、あんまりはじめから子どもがテレビゲームとか、パソコンとか、スマホとかにたくさん接するようになると、脳が過労状態になっていて、すごくいろいろな症状が出てくる。先生は小児精神科医でたくさんそういう子を診ていらして、ゲームを止めるだけで、２週間くらいで劇的に症状が改善されるのを目の当たりにしていらして、「テレビゲームを一日中するのは止めてください」とおっしゃるのね。そういうことは私たちは分かっているし、分かっていたらいろんな人にいうほうがいいと思いますね。

今度うちの季刊誌『こどもとしょかん』が4月20日に出ますが、それに、助産師さんと歯医者さんの座談会を載せています。やっぱりものすごい勢いで体が変わってきているといっておられます。お母さんの体も変わってきている。筋力がものすごく低下してきていると。背筋力は、自分の体を支えるためには1、子育てをするためには１・５、介護をするためには2が必要なんだそうですが、今は、１すれすれしかない。それで、統計もとれていない。

それはなぜかというと、１９９０年代くらいから、学校で背筋力の測定をすると背中を痛める子どもが続出したんで、測定を止めたんです。だから、統計がないんです。背筋力が1しかない人が妊娠すると子宮の状態がどうなるかとか、そういうことなんかが書いてあるのでぜひ読んでいただきたいと思うんです。

そういうことがわかっているのですから、これからお母さんになる若い人に言ってあげたい。思春期の15、16才くらいまでに骨盤の形が決まってしまうらしいんです。それまでにできるだけからだを動かして、子どもが生まれた時は類人猿型という細い骨盤らしいんですが、どんどん体を動かして、筋肉を鍛えて、その力で骨盤を広げて人間の形の骨盤にすることが大事。そうすると、赤ちゃんもお腹の中ですごくいい姿勢でいられて、とてもいいのだそうです。

骨盤が狭くなっていると。赤ちゃんはお腹の中で窮屈な姿勢でいなければならなくて、生まれた時から体が硬かったり、首が凝っていたりするそうです。そういうことが分かっているなら、女の子は特に、思春期になるまでに体をよく動かして、しっかりした体をつくりましょうとか、瘠せているのがいいといって栄養をとらないと、子どもが胎児の時から糖尿病になったり、心臓病になったりする体質になって、成人病の体質を持って生まれてしまいますよといってあげたいですよね。そういうことが知識として分かっているなら、やっぱり周りの人にそういって、小さい時はからだ使って遊ばなくちゃだめだよっていえるような時代にならないと。そういうことを放っておくと、どんどんどんどんお産も苦しくなる、子どもの状態も悪くなって、成人病の可能性をたくさん持って生まれる。そういうことが繰り返されるということはとても恐ろしいことだと思います。

そういうことを考えると、できる範囲で周りの人にわかっていることをいっていかなくてはいけないと思います。知らない顔をしてはいられないような気がします。

Sさん　素敵なお話をありがとうございました。子ども時代のことを生き生きと聞かせてくださったんですが、人は誰しも自分の中に子どもを持っていて、自分の中に生きている子どもを意識できるかどうかが、その人を豊かにする分かれ道ではないかと思います。子ども時代を保証された人間が、幸せな一生を送れるというように思いました。自分の中の子どもを大切にしていきたいと思いました。

松岡　ひとつ言いたいのは、子ども時代には全部の子どもが幸せに生きてほしいと思うのだけれども、今は虐待とかがあって、そうではない子どもがいることも確かなんですよね。その子どもたちが全部みんな不幸な生涯を送ると考えるのは辛いでしょう。そういうふうに考えていくと、小さい時にたっぷりと愛情を注がれないで育った子どもはだめだみたいなふうになってしまう。それは、私はちょっと困ると思います。人間というのは、どんな時点でもほんとうに誰かに受け入れられて愛情を注がれれば変わりうると、私は信じているんですね。だから、子どもの時に不幸な育ち方をした人が生涯決定的に不幸な人間になるというふうに考える、そういう宿命論的な考え方には与しない。

そのことを私にすごく感じさせてくれたひとつの体験があります。

私の友だちに、大阪で家庭養護促進協会という里親を斡旋する仕事をしている岩崎さんという方がいるんです。その方から聞いたことなのですが、ある施設の職員が、子どもを虐待して殺してしまったという事件があったんだそうです。その後で、そのことを話し合うために、大人たちが集まって相談をした。そのとき、その施設で育った子が何人かそこに来ていて、そのうちのひとりの子が、「自分も施設にいる間、その職員に木刀で殴られていた。その時、その人は部屋のカーテンを閉めて暗くして自分を殴った。明るいところで殴れないということは、この人は弱いんだなと自分は思った」といったというんですね。「もしも、自分たちがもっと早くに声を上げていたら、そういうことは防げていたかもしれない。自分がやられていながら声を上げられなくて、防げなかったのが悔しい」と、泣きながら訴えたそうです。

そのとき、児童福祉士だの、児童福祉のお役人だの、施設の関係者だの、大人がいっぱいその会議に来て話をしていたけれど、その子ほどちゃんとした発言をした者はひとりもいなかった、と彼女は私にいいました。

施設で育ったからだめなんじゃなくて、施設にいて木刀で殴られるという体験をしていてさえ、そうことをいえるように育ちうるんです。

だから、「子どもの時に不幸せな子ども時代だったから、その人は死ぬまでだめだ」ということは、私はいいたくありません。人間は、本当に誰かに心から受け入れられて安心して関係を結ぶことができれば、どんな時点からでも変わりうると思う。自分もできるかぎり人を受け入れることのできる人間のひとりでありたいと思う。子どもは全部楽しく幸せに育ってほしいと思うし、今日も、ここのお池のそばで、お父さんとお母さんと子どもが写真を撮っていたので見ていたんですが、子どもはうれしくてぴょんぴょん飛び跳ねているのね。そんなふうに子どもが親に愛されて、幸せそうにしている様子を見ると、「ああ、いいなあ」と、こちらまで幸せな気持ちになります。けれど、親に十分愛されない子どもたちがいるのもたしかです。

その子どもたちがみんなだめな人間になるというような宿命論的な決めつけ方は絶対したくないと、私は思っています。

中川 今日は本当に充実した、ぜいたくな時間でした。めったにないことですが今日は「制限時間がないロングインタヴュー」だったので、長い時間お付き合いいただくことになり、松岡さんには、午前中の気持ちのこもった「語り」の時間から、このインタヴューまで体力を相当奪ってしまったことと思います。今日お聞きしたお話を、なんとか恩返しができていくように、みんなで頑張っていきたいと思います。

どうも、ありがとうございました。

〈話の中に出てきた本〉

『ちちははのくにのことば』　国分一太郎著　晶文社　1982
『しなやかさというたからもの』　国分一太郎著　晶文社　1973
『子どもが孤独でいる時間』　エリーズ・ボールディング著　松岡享子訳　こぐま社　1988
『二十世紀の意味―偉大なる転換―』　K・ボールディング著　清水幾太郎訳　岩波新書　1967
『預言者（The Prophet）』　カリール・ジブラン著　佐久間彪訳　至光社　1988

松岡享子（まつおか きょうこ）

1935年、神戸に生まれる。神戸女学院大学英文科、慶應義塾大学図書館学科を卒業ののち渡米。ウエスタンミシガン大学大学院で児童図書館学を学び、ボルチモア市の公共図書館に勤めた。帰国後、大阪市立中央図書館小中学生室に勤務。その後、自宅で家庭文庫をひらき、子どもたちに接しながら児童文学の研究、翻訳、創作に従事。74年、石井桃子氏らと財団法人東京子ども図書館を設立し、理事長に就任。同館は、2010年、公益財団法人となる。現在は理事長を辞し、執筆活動を続けている。創作には、絵本『おふろだいすき』、童話『それ ほんとう？』など。翻訳に、絵本『きつねのホイティ』、童話『番ねずみのヤカちゃん』、「パディントン」シリーズ（以上福音館書店）、『がんばれヘンリーくん』（学研）などがある。

中川美香（なかがわ みか）

宮崎日日新聞社 生活文化部長 兼 論説委員。1970年、宮崎県都城市生まれ。神戸市外国語大学英米学科卒業。93年、宮崎日日新聞社入社。報道部、日南支社、文化部、論説委員会を経て2017年4月から現職。03年に双子を出産。連載「ハロー！！ベイビーズ 双子育児で見えたもの」を長期連載し、その後単行本化。子どもと木城えほんの郷に通い、2015年に「みどりのゆりかご 木城えほんの郷20年」を連載。

松岡享子ロングインタヴュー
子どもたちの心に届ける
自然・ことば・遊び

2018 年 8 月 8 日　第 1 刷発行
2018 年11月11日　第 2 刷発行

発行　木城えほんの郷
〒884-0104 宮崎県児湯郡木城町石河内 475
TEL0983-39-1141・FAX39-1180
http://service.kijo.jp/~ehon/・E-mail:ehon@kijo.jp

本書は、木城えほんの郷20周年記念に松岡享子さんをお迎えしてのインタヴューによる講演（収録2016.3.19）をもとに、加筆、編集したものです。

児童文学の翻訳・創作・研究に携わり、東京子ども図書館を創設し、長きにわたって活動をされてきた松岡さんのお話と、木城えほんの郷の想いとが重なって、共感していただけたらと願っています。

木城えほんの郷

くり 進行中

えほんの郷・九州・宮崎県児湯郡木城町石河内475・〒884-010